蠢蛋夫妻
愛情長跑日記

目次 CONTENT

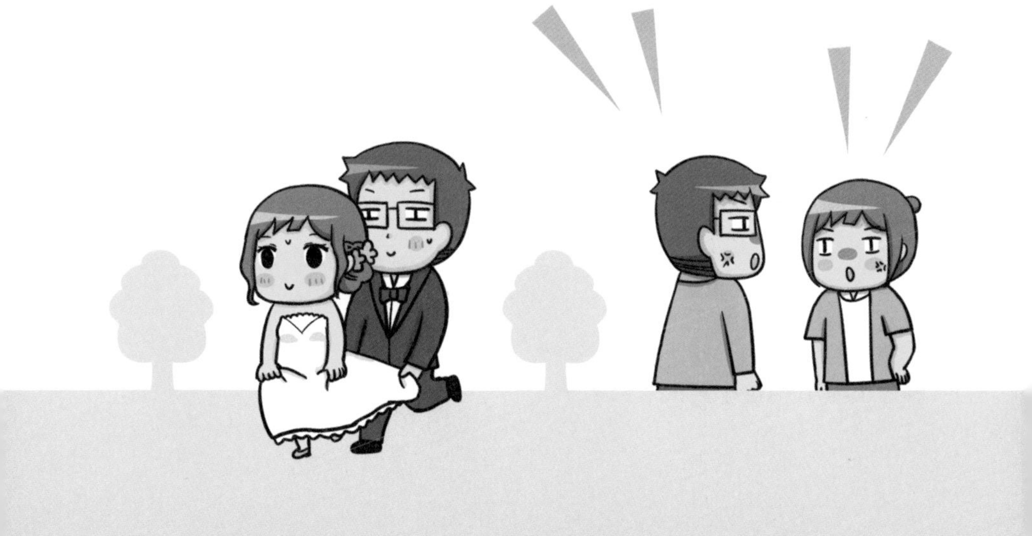

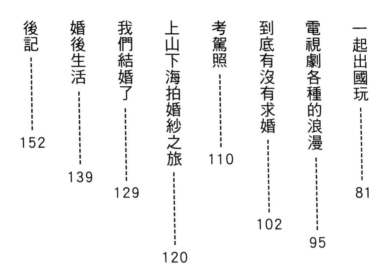

☆人物介紹☆

想吃好吃的。
等等要吃什麼？
太籠統了吧⋯

蒂蒂

這本漫畫的作者，
敏感又多愁善感，
別人一個已讀不回就可以糾結
好幾天(結果對方只是忘了回)
常被小湘戲稱腦補王，
打理家中生活的一切，
雖不到完美但也不算太差的妻子。

小湘

像爸爸一樣愛碎碎念，
龜毛固執、算錢速度很快，
少找一元也能發現到，
充滿責任感，非常顧(宅)家，
不菸不酒愛(怕)老婆，
自稱新一代好男人，
跟蒂蒂交往八年半結婚，
目前結婚三年半。

我跟小湘是在大學認識的，剛好同年級同個系不同班。
嗨
←B班剛下課
嗨
←A班準備上課
因為一樣的課程編排，所以相遇機率很高，當時只覺得對方長相很斯文，偶爾遇見會打招呼一下
有時一些課業問題也會請教對方
這個程式到底怎麼編寫，可以借看一下你們的作品嗎？
可以啊～
你們要不要下課後一起吃晚餐再去陽明山看夜景？
好啊～
都可以～
吃完晚餐後大家決定用抽籤方式決定誰載誰
那用抽鑰匙決定好了～騎車的人來抽
感覺好有趣～

我拿這個梅花頭的鑰匙出來抽好了～
都拿出來了，你們可以看了
各自選一把吧！
我中間那把好了。
那我梅花頭這把。
這把是誰的鑰匙？
這是我的鑰匙
尷尬
害羞
哈哈是喔…
尷尬
害羞
第一次坐小湘的機車是因為他抽中我的鑰匙
晚上變好冷喔～
咻ー

手套戴著吧
山上會更冷。
那你呢？
我沒關係。
超加分
好感度上升
那天之後不知道為什麼
兩個人開始頻繁聊天起來
登登登~
每天上線都會先敲對方MSN
明天可不可以
叫我起床？
我怕我起不來
好啊⋯

MSN:當時流行的通訊軟體

禮拜六要不要
一起去淡水走走
就我們兩人？
好啊⋯
好冷喔~
對啊變涼了
我送你回去吧

手放口袋裡
這樣就不會冷了
喔…
拉—
彼此曖昧了好幾個月，
大致上也知道互相有好感
一直默默地等小湘告白
直到鋼鐵人上映那天
剛好是小湘的生日，
所以一起約好去看電影…

那天看完電影
他送我回家
等等喔
我拿一下
吶~給你的
生日禮物~
謝謝~
那我回家囉
掰掰~
掰…
掰…
走真快…
咖隆—
靠忘記明天
要交報告
快點收尾一下
忙一忙洗完澡
就已經這麼晚了
看一下手機
就睡了吧…

已過零點←
生日結束前…
From：小湘
生日結束前最後一個願望
就是希望你可以當我女朋友
…可以回覆我嗎？
驚！
媽呀！生日已經過了！
快點回覆
他會不會以為我在發無聲牌婉拒他…
就這樣我們正式交往了
昨天一回家在忙沒看手機
所以今天是交往第一天？還是昨天生日就算第一天？
哈哈沒關係
昨天就算吧…？
開始了我們的愛情長跑♥

生日

交往兩個月剛好碰到生日
生日你想要什麼嗎？
都可以呀
→剛交往還在不好意思說什麼階段
結果當天只有滷肉飯
你怎麼還不吃？
喔…
失落ー
交往一年後…
生日你想要什麼嗎？
我想要一個驚喜
???

初戀的定義

欸欸~你有初戀嗎？
怎麼突然問這個問題？
就想問問~
算有也算沒有吧…
算有也算沒有是什麼意思？
為什麼這麼好奇。
就國中時候跟隔壁班突然熟起來…
然後開始每天放學一起回家
常常講電話。
後來因為電話費被我媽罵得要死就不打電話了…
畢業後也沒再連絡雙方從沒說過交往這樣算初戀嗎？
你是談戀愛？這幾千電話費是怎麼回事？
跟、跟同學討論功課。
你騙誰！

有牽手嗎？
有…
有親親嗎？
我初吻是跟你啦所以我才說算有也算沒有…
感覺沒有正式交往應該不算初戀吧。

初戀的定義好模糊喔～
國中時候我也有類似像這樣狀況。
國中時按身高安排座位，所以鄰座幾乎都同一個。
丟！
你很白目耶—

結果我身高國中後就沒再長高…

某天突然很愛戲弄我的隔壁桌突然開始對我好起來…
咖啡請你喝。
怎麼突然請我？
這好喝。
忘了從什麼時候開始每天都傳簡訊聊天。
連假你去哪玩？
沒去哪_
打字
打字

那時候還沒手機網路，聊天只能傳簡訊或打電話。

所以你們在一起了？
沒呢—他還是很愛戲弄我，每次都讓我萌芽少女心氣死。
而且也沒有互相告白過。
國中時每個年級好像都有這樣風雲人物
功課不好，但體育好痞痞帥帥的很受女生歡迎。
我們年級的風雲人物就坐在我前面。
一直以來他都有女友，分手了也馬上會有下個。
直到…
踩！
走路不看路嗎？
對、對不起
痛死了—別以為我不敢打女的！

要被打了！
別這樣～這我同學
你來我們班找我有什麼事？去那邊說吧。
有點帥氣。
撲通──
撲通──
這是劉德華的新專輯?
他有一首練習我在電視上聽滿好聽的。
借你吧～聽完再還我就好。
好，謝謝。
還真重…應該分兩趟拿的。
→幫老師拿班上同學課本去教室。

尷尬
找話題
你現在在聽什麼歌啊？
我幫你拿一些吧。
咦、謝謝。
劉德華的練習。
給你聽
欸？
撲通——
撲通——
撲通——

這是什麼偶像劇劇情
所以你們在一起了？
沒有啊—他一直都有女朋友呀
就算分手了，馬上又有新的女朋友。
那根本就是渣男啊—
有女朋友還曖昧其他女生
吃醋
吃醋
他以為他在聽偶像劇喔還一起聽同個耳機咧
哼—這種男人就該拒絕見面往來！
他死了，原因我不知道。
前幾年國中同學跟我聊到的。
那時候才二十幾歲吧。
……

不過多虧了他們在我被排擠的黑暗國中生活
還有這樣粉色回憶。
什、什麼你被欺負了？
震驚
說欺負也不至於…就是冷落排擠吧。
女生不是都會這樣組成小團體嗎？
只要你被團體中其中一個討厭，其他人也會聯合起來冷落你。
孤立
真幼稚！
我現在過得很好也交了很多朋友。
你不用太擔心啦都過去了～
所以！

沒有說交往都不算
你的初戀是我對吧。
那你那個算有
也算沒有的初戀呢？
還牽手過呢。
還沒說交往就牽手，
你好像對我也是這樣
這是你的招數嗎？
前方陷阱題
—高能預警—
肚、肚子好餓
我們去吃飯吧！
多說多錯
走為上策

雖然蒂爸蒂媽看是開明，可是對男女觀念還是比較保守
你看看又一個未成年懷孕！
老實說你們有交男朋友了嗎？
沒、沒沒有啦！
這個甜甜圈是我的！
我的！
每次小湘送我回家時，總是要注意周遭有沒有認識的鄰居…
趁現在沒有人我先進去囉。
有這麼誇張…不能再聊一下嗎？
等等被鄰居看到跟我爸媽八卦…
咖隆—
開門
哇靠
出現了！
完了
完了

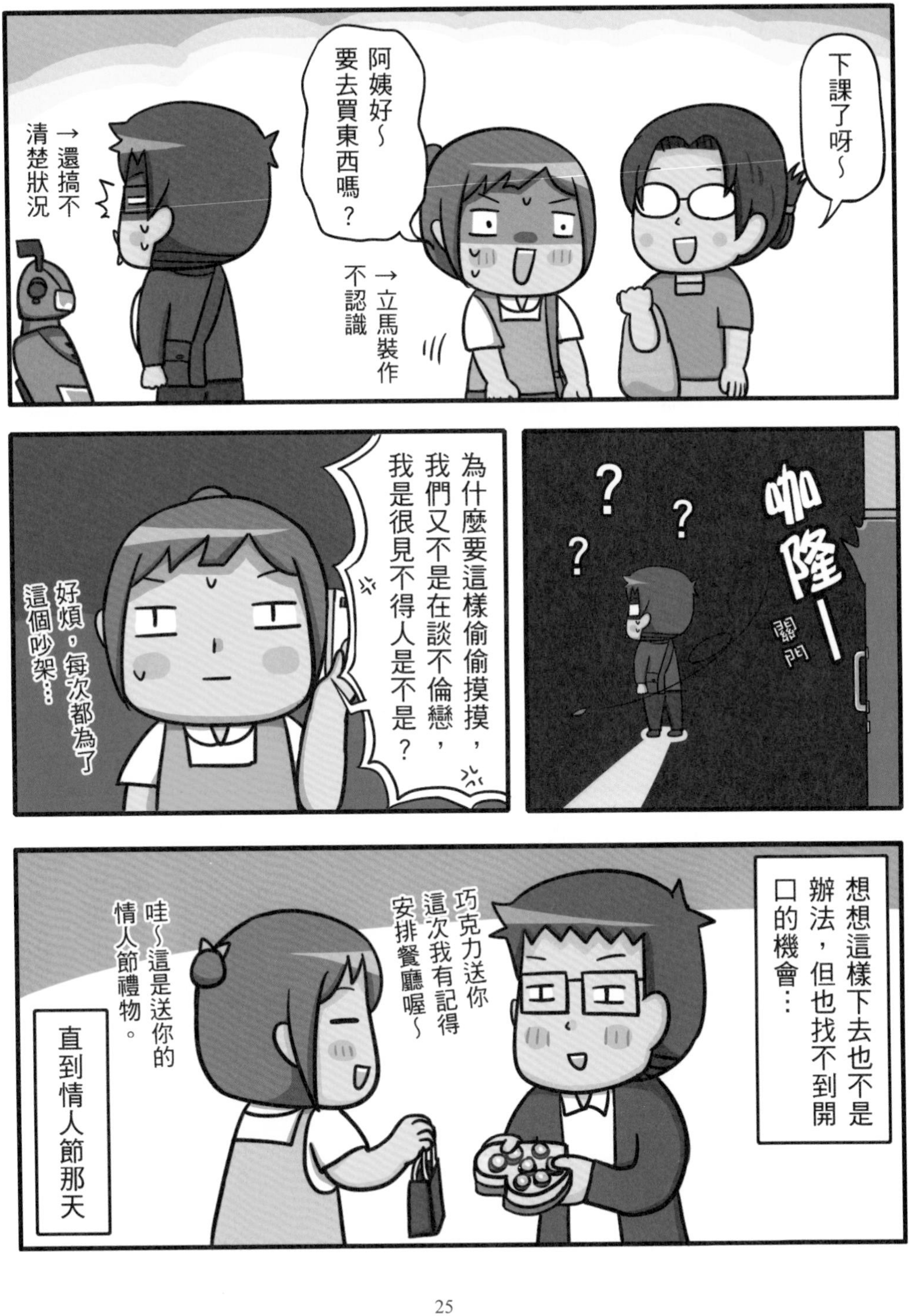
下課了呀～
阿姨好～要去買東西嗎？
→立馬裝作不認識
→還搞不清楚狀況
咖隆—
關門
???
為什麼要這樣偷偷摸摸，我們又不是在談不倫戀，我是很見不得人是不是？
好煩，每次都為了這個吵架……
想想這樣下去也不是辦法，但也找不到開口的機會……
巧克力送你這次我有記得安排餐廳喔～
哇～這是送你的情人節禮物。
直到情人節那天

對了！可以這樣做
巧克力…
開冰箱
雖然巧克力不用冰…
這邊怎麼有盒金沙誰交男朋友了？
我！

「……」
隨口問問←
真的假的！
震驚
嗯！
蒂媽雖然當下反應很大，不過很自然而然接受這件事，蒂爸則是過很久才接受女兒開始談戀愛了。
怎麼認識的？叫什麼名字？
不准亂來喔！
有照片嗎？談多久了？
下次吃飯帶來！
熟悉後現在小湘來我家時兩人常常會聊著著時事新聞
雖然被撞很可憐，但他闖紅燈在先，雙方都有肇事責任。
我也這麼想
看到他們相處融洽真是太好了。

其實真正的強者是小莫
國中就開始談好幾段戀愛
我很會藏吧。
……

蠢蛋三姐妹
之
蠢人有蠢福
CLOSE

偷偷插播一下…
想看三姐妹更多蠢人蠢事
請看我的上一本書↓↓↓
「蠢蛋三姐妹之蠢人有蠢福」

一般情侶交往階段大概分成這四階：
曖昧
熱戀
真可愛～
磨合
為什麼會這樣？
到底是怎樣？
穩定
好臭喔！你放屁喔！
對啊…
可能是我們雙方個性關係很快就進入磨合期。
曖昧
熱戀
磨合
穩定

大學時的小湘非常愛碎唸
我的脾氣又是一點就燃那種
今天不能跟你出門了
我要幫家裡工作
你很失落？
這麼臨時唷
我妝都畫好了
有點⋯
這能怪我嗎？
我爸就要我
去幫忙工作啊！
聽你語氣好像
在怪罪我！
我又沒怪你
你在唸什麼！
所以常常為了
芝麻小事吵架。
我也很煩
好不好！
你體諒一下！

進來啊！
等下一班這麼多人
還好吧快啦！
等下班啦是有這麼急？
你這樣好像歐巴桑喔！
碎碎唸
為什麼硬要去擠又不趕時間
碎碎唸
……
學生時期我們吵架頻率滿高的，三不五時我就會被他的話激怒。
算了！我自己搭！
怒
火

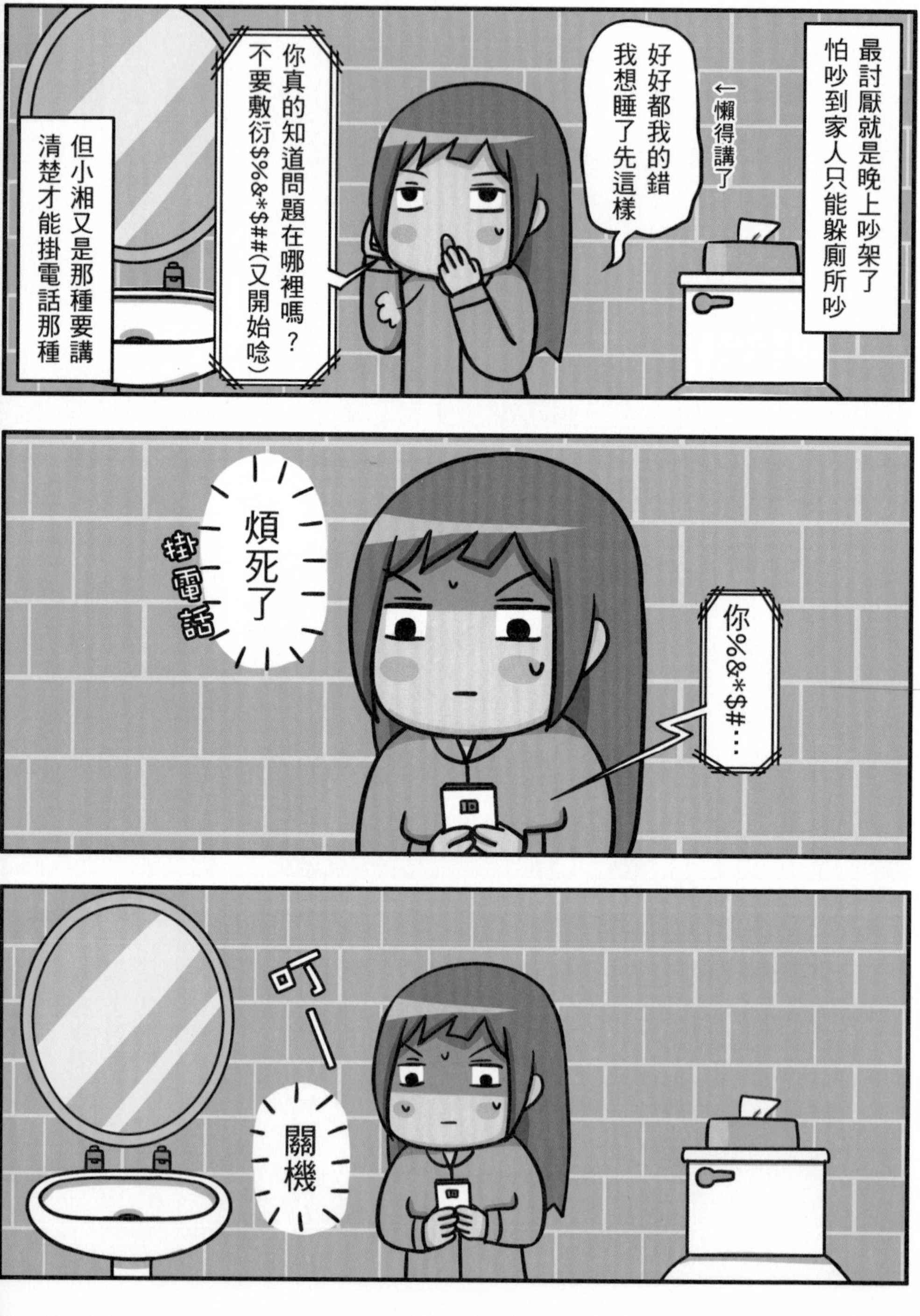

最討厭就是晚上吵架了
怕吵到家人只能躲廁所吵
←懶得講了
好好都我的錯
我想睡了先這樣
你真的知道問題在哪裡嗎？
不要敷衍$%&*$#(又開始唸)
但小湘又是那種要講
清楚才能掛電話那種
你%&*$#…
煩死了
掛電話
叮—
關機

昨晚又吵架了喔？你脾氣不要這麼差啦
→還是聽到了
為什麼你都認為是我在欺負他啦
無言
印象最深刻的是某次…
→提早下課跟朋友來吃飯
吵鬧
吵鬧
然後呢？
結果…
啊！

你手機是裝飾用的嗎？
我打這麼多通電話都沒接
嚇！
尷尬
我先走囉。
你……
（準備繼續講）
我們出去外面講！
尷尬
餐廳這麼吵
我沒聽到手機響啊
我怎麼知道你
也提早下課
剛一定要在我朋友
面前這樣兇嗎？
打了十幾通
你是不會注意
一下手機嗎？
就是沒注意到啊
不要咄咄逼人！
手機怎麼
不放桌上

你煩不煩啊—
我受夠了！
我們個性不適合
分手吧！

你不要
這麼衝動！
→看熱鬧
放開我—
你讓我壓力很大

於是不知道是分手還是冷戰開始了…
第一天
第二天
第三天
第四天
第五天
這天沒課中午從家裡出去買飯吃←
你去買便當了啊？我買了木瓜牛奶給你

你不要這樣連環摳……
我沒接到那就晚點再打
或是傳訊息給我
好，你也要多注意手機
電話打不通真的頗煩人
最後還是和好了。
雖然小湘愛唸又固執
但他又很會照顧人
明天我要去
談個插畫工作
我載你去吧
抱歉~我不知道
會講這麼久~
開會廠商不方便
外人進入←
真久—
回家吧。
情侶間只要互相體諒，
多點退讓、少點指責，
很多事情都能迎刃而解。
怎麼這麼不小心，
你……(準備開始唸)
噓~就不小心
翻倒了，擦一擦
就好了。
別唸了！
這就是我們之間的相處之道。

疑心病

巨蟹座
#多愁善感、心思細膩
#做事體貼、設想周全
#宅家
金牛座
#固執、有主見
#務實、做事有計劃性
#宅家
雖然都是宅宅星座但兩人興趣不太相同
喜歡體育和賽車節目→
沒興趣覺得無聊→
還要看多久啊？難得休假你要在你家看一整天電視嗎？
等等—再看一局就出去～
這句話上一局你就講過了⋯
就算都喜歡玩遊戲但喜歡的類型也不一樣
要當演員還是歌手呢～
→喜歡益智養成類
打打打打
大絕丟他
靠—死了！
→喜歡即時戰略類

跟著小湘也去現場看過棒球
安打～安打～
全壘打～
哇—現場好熱鬧跟看電視感覺完全不一樣～
比較能帶入情緒！
喔～喔～
看棒球就是要吃酸菜熱狗才對味～
我也要吃一口！
每次看棒球都是買最便宜的外野
這次偷偷買內野票當驚喜送給他好了
我去搶票終於搶到視線很好的內野票喔
這次終於可以近距離觀賽了～
你買哪一隊的位置？

兄弟象啊！你不是喜歡兄弟象？
怎麼不買桃猿隊～桃猿隊的啦啦隊比較漂亮
lamigirls！
可以換票嗎？
……

平常都看兄弟象這時候才說要看桃猿隊
還叫女朋友換票就為了看漂亮啦啦隊
蛤—老娘熬夜搶票你說換就換？？
是在哈囉？？？
氣
氣
氣
氣
不要說我脾氣差，他有時候真的頗欠揍。

最後還是沒換票
好近喔～
之前坐比較後面
都只看到糊糊的臉
桃猿那邊還有位置
你要不要去偷坐那邊？
算了吧…
我會分享自己
喜歡的東西給他
鋼鍊超好看
根本神作
我幫你跟我妹
借了整套漫畫
你快看～
是喔…
好看欸！
動畫也看完了
這貨讚吧！
想當年那時候喜歡鋼鍊
喜歡到還畫了BL同人本
同人？BL？
那是什麼？
哩咧工蝦咪？

簡單解釋一下～就是一群同好用原作改編自費出版書籍與同樣喜歡這個作品的人互相交流
交流方式除了透過網路也可以報名同人展擺攤喔～
你自己畫的還不好意思請人試閱！
喔喔～是這個意思喔～
那什麼是BL？
BOY'S LOVE.
咦？
BL就是男男戀～大家會把喜歡的角色組成一對CP並推廣他
以鋼鍊而言我喜歡大佐X矮豆不過兄弟CP支持者也滿多的～
？？？
→訊息量太大消化不良。

現在看到佐助和鳴人都會覺得他們很曖昧
他們也是熱門CP啊～
連火影忍者都有人出BL？
腐女無所不在～
有時也會找共同有興趣的遊戲一起玩
這什麼？
最近很紅的轉珠遊戲～
哇—抽到這張五星卡！
轉株屬於益智類
太好了吧！地獄關卡這張超好用
又可以對戰
等等你找個可以停車安全的地方暫停一下
怎麼了？
你不是叫我提醒你打靈魂石時間
對吼—
→限時一小時

路邊停車打遊戲的兩人…
也曾跟風一起抓寶可夢
快龍在那！
跑到那了！
就算興趣不同，我也會為了你一起瞭解你的喜好～
這個小三真是有夠囂張！
好狗血喔。
因為想跟你有源源不絕的話題。

外島人常被問的問題

小湘爸爸是金門人，年輕時來台北打拼。
去金門搭飛機需要護照嗎？
→半個金門人
金門是外島又不是外國，為什麼需要護照？
打電話去金門需要加國際碼嗎？
金門也是台灣啊幹嘛加國際碼？
那打電話去金門會不會跨海比較貴啊？
你是聽不懂膩就跟你說金門是外島不是外國了。

這天我們
又去淡水走走
時間差不多了
我送你回去吧
順便買一些熱狗和蝦捲
給我媽他們吃好了。
小湘雖然對自己很省，
但對家人卻滿大方的。
看到好吃的東西
通常會順道帶一份回家。
對錢的方面敏銳
每次找錢都會細算←
老闆你少找
一塊錢…
啊抱歉
來~給你一元。
好吃熱狗 20元
這邊就有賣熱狗
買這家吧~
前面有家熱狗才十元，
二十元熱狗買六支就是一百二，
如果買十元熱狗就只要六十元，
中間可是差了一半。
精打細算
所以
去前面買吧！

前言再補一段
是最省限度的大方。
前面？在哪？
我怎麼沒看到
我記得好像在
土耳其冰淇淋附近
土耳其冰淇淋？
我們都已經走到捷運站這了
還要走回去？那邊很遠耶—
去程600公尺
回程600公尺
現在又要走600公尺?
兩段來回不就走了2.4公里!!!
還好吧—
就當散步。
這段散步路
也太長了吧。
算了，他這麼固執
再繼續講下去，
最後一定吵架⋯
就當減肥陪他走吧。

餅
三姐妹花枝燒
於是開始了尋找十元熱狗之路
雞蛋糕
熱狗｜蝦捲 15元
好遠喔……
十分鐘
香腸
超大雞排
二十分鐘
大熱狗 15元
我怎麼看這附近最便宜都十五元呀—
不要堅持了買這家吧！

快到土耳其冰淇淋那邊了
我記得在那附近—
再撐一下吧。
熱狗 15元
好累…
禮
沒看到你說的十元熱狗啊？
……
熱狗 蝦捲
只要 15元
土耳其冰淇淋
可能是我記錯了
哈哈哈哈哈哈哈

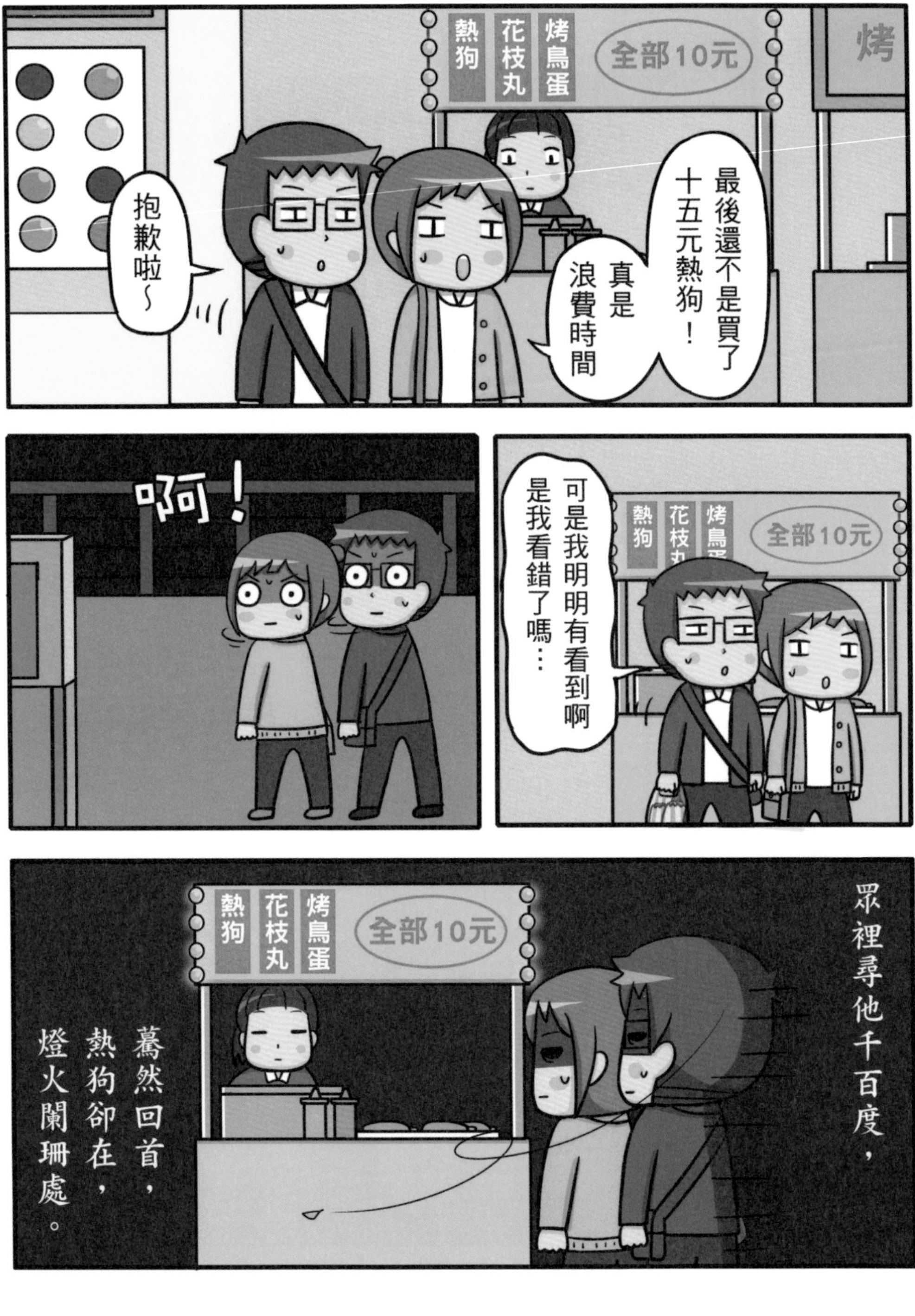
熱狗
花枝丸
烤鳥蛋
全部10元
烤
最後還不是買了十五元熱狗！
真是浪費時間
抱歉啦~
熱狗
花枝丸
烤鳥蛋
全部10元
可是我明明有看到啊
是我看錯了嗎…
啊！
熱狗
花枝丸
烤鳥蛋
全部10元
眾裡尋他千百度，
驀然回首，
熱狗卻在，
燈火闌珊處。

給你吃

→雖然喜歡喝飲料但不喜歡吃甜食

男友的拍照技術

第一次買萬元多的類單眼雖然錢包很痛但越看越喜歡～
努力打工賺回來！
白色滿好看的～
這台賣超好的現貨剩最後一台喔。
功能好多喔先按自動模式好了
喀擦
喀擦
欸欸剛剛我不小心拍到裸女你要看看嗎？
什麼！裸女？
你很幽默喔。

DIDI COFFEE
幫我在咖啡廳前拍一下，聽說這台人像拍起來很漂亮～
我還在說話你就拍了！
太近了啦—臉看起來很大欸
喂太遠了吧—
拍身體以上就好不求你拍美…只求你別拍糊了。
喔…

瀏海亂飛
咻
我拍好幾張你看看吧！
好
閉眼
路人入鏡
算了…我自拍吧。
沒一張可以嗎？
DIDI COFFEE

右臉

大學畢業後，
對於小湘緊接著就是…
當兵。
加油！
這時候當兵
還是要當一年。
因為要準備國家考試，
所以決定申請提早入伍。
○○○
陸軍
※兵役抽籤中
△△△
海軍陸戰隊
耶～
耶～
只要有人抽到海軍陸戰隊就
會傳來一陣歡呼，代表又少
了一支傳說中最操的兵籤了。
好緊張喔…
終於換我了。
拜託希望是爽籤
抽一張吧。

麻煩把兵籤給我。
靠！
○湘○
海軍陸戰隊
耶~
讚~
啪啪
啪啪

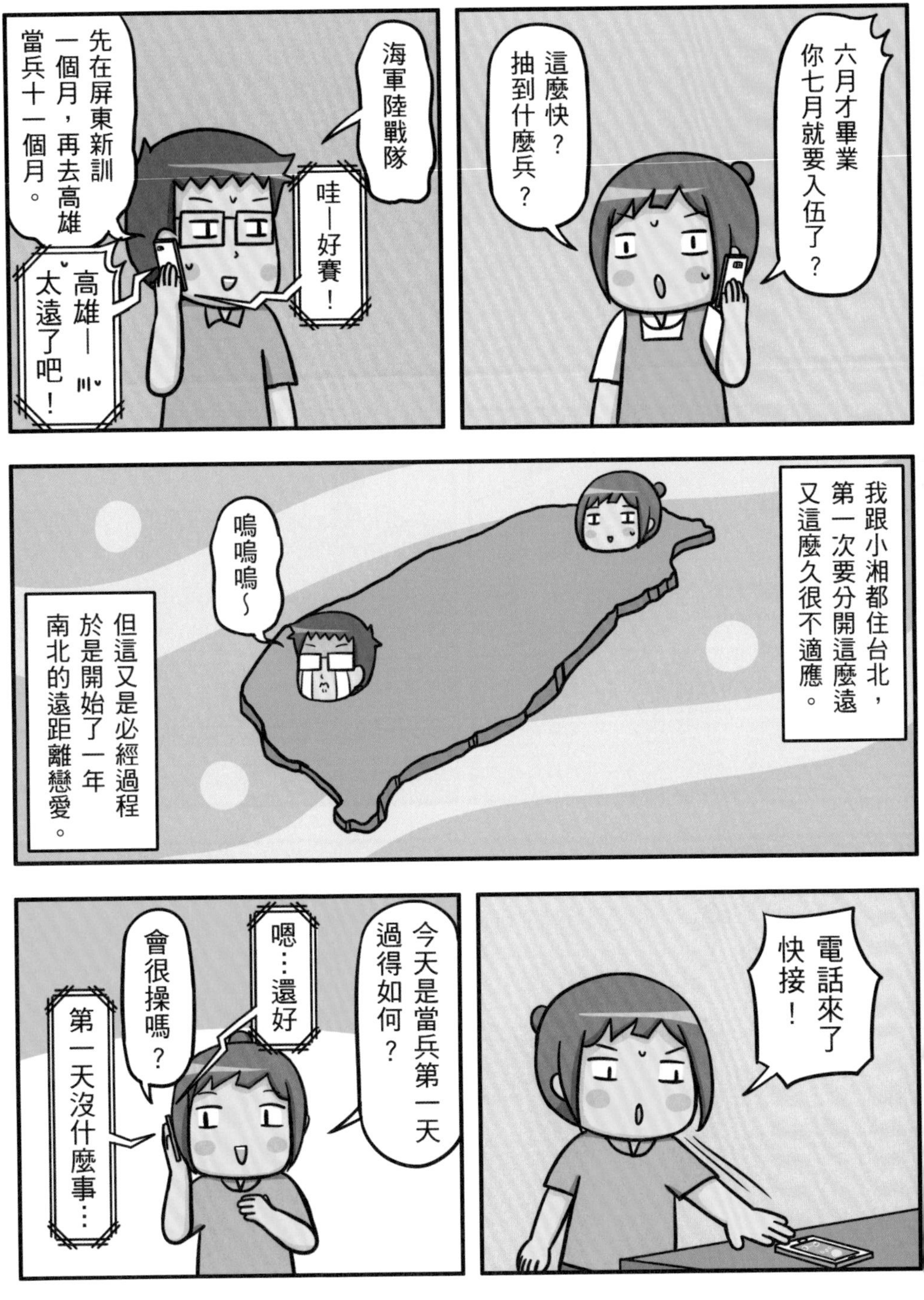
六月才畢業 你七月就要入伍了？
這麼快？抽到什麼兵？
海軍陸戰隊
哇—好賽！
先在屏東新訓一個月，再去高雄當兵十一個月。
高雄—太遠了吧！
我跟小湘都住台北，第一次要分開這麼遠又這麼久很不適應。
嗚嗚嗚～
但這又是必經過程 於是開始了一年 南北的遠距離戀愛。
電話來了 快接！
今天是當兵第一天過得如何？
嗯…還好
會很操嗎？
第一天沒什麼事…

你哭了喔？
我聽到吸鼻子聲…
才沒有
你別亂說！
我只是…只是
鼻子不舒服…
雖然遠在高雄當兵，但
一有空小湘就會打給我
幾乎每隔幾天就會連絡。
嘿唷—
嘿唷—
啊—
哈—
哈—
哈—
哈—

一二、一二、
媽的！海水有夠臭又鹹！
咳！咳！
殺氣騰騰
啊嗯~
竟然有漫畫月刊耶~來邊吃早餐邊看好了
你是來這裡吃早餐還是來看漫畫的？
班、班長！
這麼喜歡看漫畫罰你將現在看的這頁畫一遍！
咦!?

等等回來我要檢查！
學長你怎麼在畫漫畫？
剛被抓到邊吃早餐邊看漫畫被班長罰的…
哈哈哈—好白癡—你怎麼這麼衰啊！
小湘你後面…
「…………」

幸災樂禍—你也去挑一本抽一頁一起畫吧！
瞎咪！
患難兄弟
我這頁字好多…
小湘在兵營被罰畫的漫畫有把它帶回來
猜猜這是哪部漫畫～
結果最後班長也沒檢查他們的漫畫。

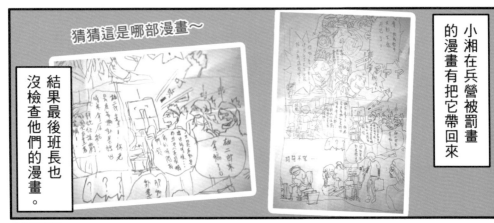

答案是爆漫王。

因為長期膝蓋痛，所以趁著休假去軍人專門看的軍醫院看醫生。(軍人免掛號費)
有什麼問題嗎？
我的膝蓋只要蹲下再站起來就好痛，花很長時間才能站直…
那應該是膝蓋拉傷，多動動就會好了，我開個止痛藥給你。
多動動就會好？
對，來下一位！
咦！這麼快！
膝蓋一直好痛，腳無法伸直…
你跟上一位一樣，多跑步就會好。
下一位！
跑、跑步？

我的背只要一挺直就會痛，腰也是⋯沒辦法久站。
你再站三個月看看，如果還是很痛忍不了，那再來復健吧。
我已經痛到站不直了怎麼可能再撐三個月。
下次休假再去別家醫院看吧。
在外面等藥單聽到一切的小湘←

據小湘說法醫生好像以為大家都在裝病．為了拿證明不想被操

一年後小湘退伍了
耶～～ 終於重獲自由 不用想去大個便 還要看長官臉色了。
因為哥哥也是警察 所以決定也往警察路走
當警察沒多輕鬆喔 你確定要去考？
→哥哥
如果不去考警察 我也不知道能做什麼
……好吧。
於是退伍後馬上開始 準備一年後的考試。
你的餐點 好囉！
早上去打工
晚上去補習
太晚去就 只能坐後排了。
久等了～下班時 老闆突然丟東西給我
沒課的時候 接女友下班

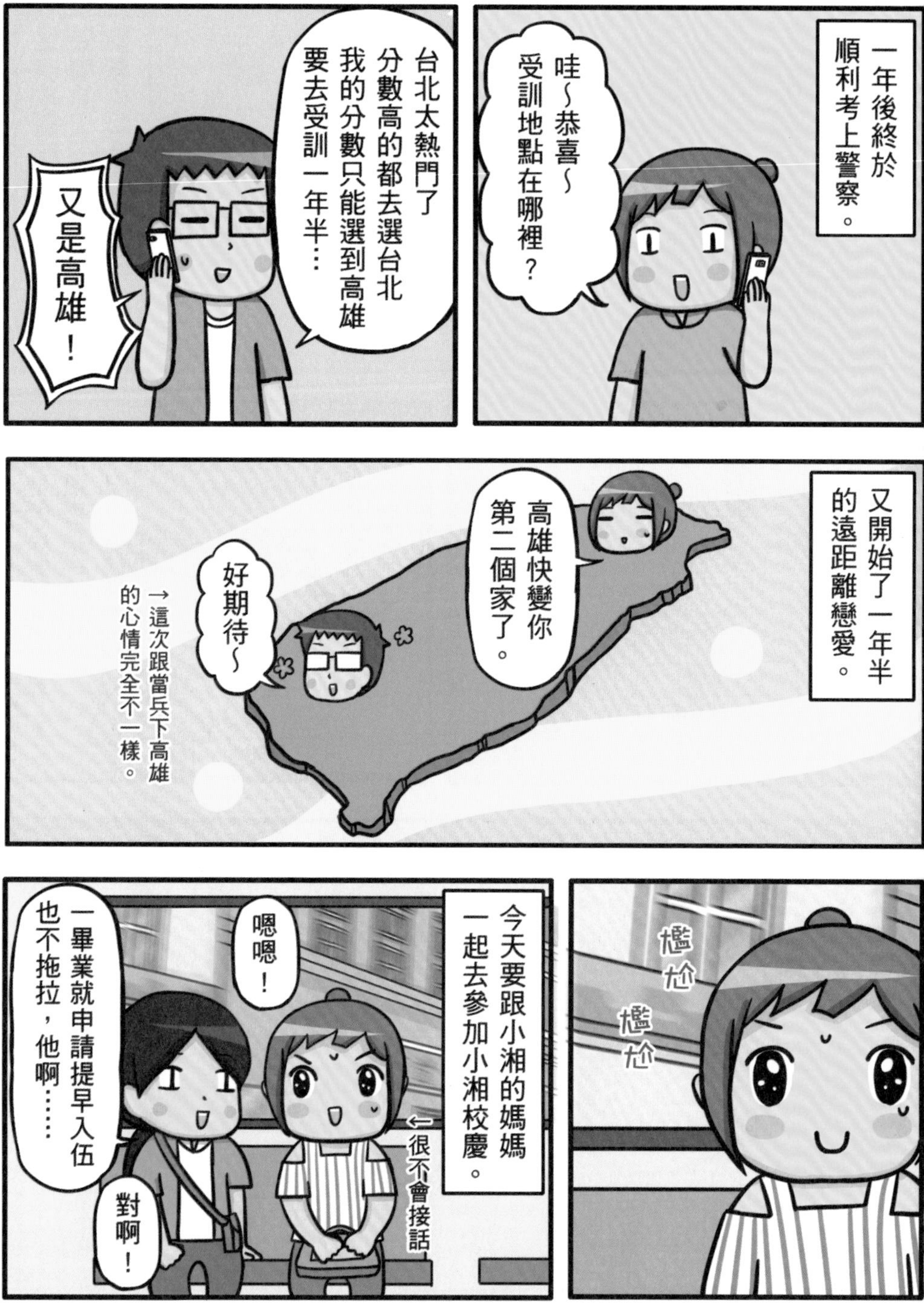
一年後終於順利考上警察。
哇~恭喜~受訓地點在哪裡？
台北太熱門了分數高的都去選台北我的分數只能選到高雄要去受訓一年半…
又是高雄！
又開始了一年半的遠距離戀愛。
高雄快變你第二個家了。
好期待~
→這次跟當兵下高雄的心情完全不一樣。
尷尬
尷尬
今天要跟小湘的媽媽一起去參加小湘校慶。
嗯嗯！
一畢業就申請提早入伍也不拖拉，他啊……
對啊！
←很不會接話

這次校慶統一載各地受訓的人一起來北部的警專共同參加校慶。
警專
因為地點搭捷運就可以到又開放親友進去，所以跟小湘媽媽一同來參加。
聽說他們會表演警技操不知道那是什麼。
好像操場那有表演耶！
找到了！他在那裡！
再出發～再出發吧～
你是阮ㄟ第一名～
哈！
哈！
哈！
噗！
哈哈哈這背景音樂

風大雨大太陽大
誰卡大聲誰就贏~
我要錄下來給他看!
哈哈哈~
一臉正經的做操哈哈哈
給你看~
超蠢!我不要看
走開啦!
一年半後終於受訓完畢
還是自己的家好~
結束了兩段遠距離戀愛。
登登登~不菸不酒又顧家超級績優股回來了
久等了~
哇~歡迎回來~
啪!
啪!
你也太敷衍了。

懇親會

從台北搭車來屏東新訓中心懇親。
小湘好像在那邊！
哈哈哈大光頭—
呆滯
空洞
←揹著水壺
厭世
怎麼才進去一個月像變了一個人。

受完訓後，依照成績先後順序選自己想要被分配到的派出所
你想要在家附近的，山上和海邊都還有缺額你要哪個？
這兩個地方離我家騎車都要一小時多不算是附近吧…
最後選擇山上因為海邊更遠
很少看到年輕人調山上呢。
山上比較沒什麼事情。
剛好這裡有開缺額。
你滿幸運的。
這間四人宿舍簡直是我的個人套房—
同事們家都在附近沒人睡宿舍。

因為山區事情少所以派出所的職員也比較少…
白天通常只有兩、三人值班
晚上甚至只有一人值班
晚上都黑麻麻的只有路燈…
只有我一人希望沒有什麼事。
如果碰到不會處理的怎麼辦—
→才來一個月還很菜。
是誰？
碰！
喵—
原來只是貓啊…

欸欸不錯耶～山上所應該很涼吼
有點無聊⋯如果可以我還是希望調下去。
結果一語成讖
山上待不到四個月就被調到山下最忙的所
冷靜點。
是你先打我的—
別吵了。
你才是先動手那個吧—
終於可以休息一下了
有鳳梨酥耶來吃一個～
不准吃—
咦？
你知道不能在所內吃鳳梨酥嗎？

鳳梨是「旺來」芒果是「很忙」這兩種在派出所是很忌諱吃的
是喔…
醫院和消防局也很忌諱這兩種水果
雖然是迷信但寧可信其有。
曾有一次忘了是誰吃了鳳梨酥，結果那天忙到快翻掉
那為什麼桌上會擺鳳梨酥？
那是熱心民眾送的中秋節禮盒
你可以帶回去吃但不要在所內吃
哈哈哈哈他超好笑的
你們聽我說！
叮咚—

你好，我是警察
可以跟你們借制服嗎
我要埋伏抓車手。
喔、可以啊。
掃
掃
叮咚
新來的？
什麼？
喂、新來的—
客人進來都不會喊
歡迎光臨嗎？而且
地怎麼這樣亂掃？
？？？

歡迎光臨
哈哈哈哈哈超尷尬—
哈哈—
還好還是有抓到人。
○○路有人在鬥毆都先過去支援—
我先去廁所等等過去
唉
裝備記得
…又要加班了
→剩十分鐘下班

顧場子

小湘不喜歡對外人說他是警察
這工作就是做得辛苦卻被嫌到流淚
買個便當也會被放大檢視
所以只要有人問起…
你做什麼工作啊？
顧…顧場子的
……？
你小混混啊

勸導

上了十二小時的班又加班兩小時，終於快下班了～
下班買個雞排吃啦啦啦～
有民眾報案○○路有野狗在叫很吵，請我們去勸導
小湘你去吧！
勸導？
各位幫個忙拜託不要再叫了…
汪！
汪！
汪！

持槍對峙

有民眾報案
〇〇停車場
正在持槍對峙
現場有被害人
全員包圍停車場
查看現場狀況
〇〇停車場
不就在我旁邊！
小湘你沒穿
裝備嗎？
嗯？
減速
減速
靠夭－
衝太快忘了
穿一下防彈衣

持槍對峙

二、三樓都沒狀況
請問一下剛剛這裡有發生什麼事嗎？
例如持槍對峙或是衝突？
是說我們嗎？剛剛我在拍學校交代功課，是有拿槍拍對峙戲…
這是假槍。
結果是場烏龍。
警察

※若要從事較敏感的活動請先報備一下附近拍出所，以免民眾誤會恐慌而報警喔～

小湘受訓完後
有一個禮拜假期，
才正式開始上班。
我都沒有出過國耶
一起去日本玩如何？
交給我吧～
我來安排行程！
→有出國安排
自由行的經驗
暑假的廉航機票
比較貴一點
但還算可以接受…
住宿找地鐵附近的…
好了～搞定！
早去晚回的飛機
機加酒五天四夜
只要一萬左右
便宜吧～
啪
啪
哇～
好棒喔！
出國這天，
凌晨五點到了機場…
等等過海關後
就不能再出來了，
這邊有超商要不要
買早餐進去吃啊？
不用吧…我記得過海關後
裡面除了免稅商店還有
一些餐廳可以吃東西。

時間太早了，商店都沒開…
……
我就說在外面就要先買吃的了你還說吃裡面就好了—
你看現在什麼都沒得吃了
我以為裡面是開二十四小時啊怎麼會知道這麼早不會開店？
你兇什麼啊行程都我做你還敢怪我！
哼
咕嚕
咕嚕

給你！
仙草蜜
先喝仙草蜜墊墊胃吧。
…喔
交往久後吵完架和好速度也變快了
飛東京要三小時？
對啊。
咻——
終於到了——
下飛機後先去買吃的吧肚子好餓喔～
興奮
興奮

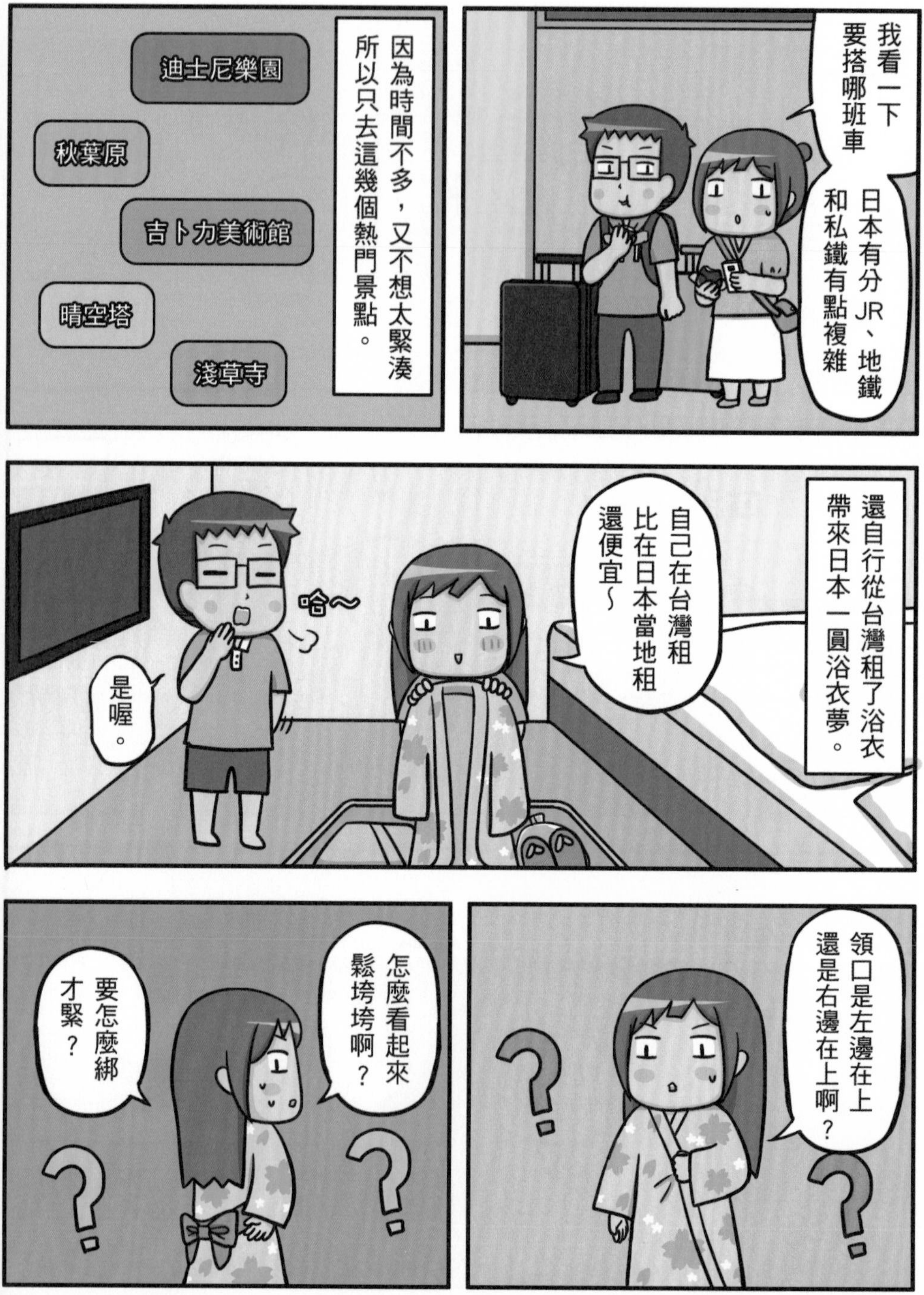
我看一下要搭哪班車
日本有分JR、地鐵和私鐵有點複雜
因為時間不多，又不想太緊湊所以只去這幾個熱門景點。
迪士尼樂園
秋葉原
吉卜力美術館
晴空塔
淺草寺
還自行從台灣租了浴衣帶來日本一圓浴衣夢。
自己在台灣租比在日本當地租還便宜～
哈～
是喔。
領口是左邊在上還是右邊在上啊？
怎麼看起來鬆垮垮啊？
要怎麼綁才緊？

好難—
還沒好喔？
→男生的比較簡單
建議還是來日本租吧，不用帶著佔行李箱空間，又有店家可以幫忙穿。
好壯觀喔～
日本的寺廟都好像宮廷
淺草寺
跟台灣寺廟完全不同感覺。
寺廟和古蹟特別能感受到文化不同。
Excuse me.
台日友好
高雄加油

2014年高雄發生氣爆事件，許多日本人應援台灣。

我們…
1
2
3
May I have a picture with you?
OK.
好像…
1
2
3
被當成吉祥物了。
1
2
3

唔…
快點起床不要睡了。
今天可是要去夢幻國度迪士尼啊
那邊人很多一開園就進去才能多玩些遊樂設施～
樂園裡消費高可以買水進去喝。
日本超商咖啡是自己裝的欸。
好酷喔！

2014年台灣非常少見自助咖啡機～

不會有人趁店員忙的時候偷喝完一杯又再倒一杯嗎？
日本人的個性應該不會這麼貪小便宜吧？
與咖啡機合照

哈哈哈好蠢喔與咖啡機合照
是你叫我去拍的欸！
那我也要跟販賣機合照他們販賣機都好好看~
……
日本人一定覺得我們很奇怪。
迪士尼
哇—好像歐洲喔~
日本迪士尼分成海洋和陸地園區，我們選擇海洋區來玩
二擇一
陸地
海洋
熱門設施要先去搶FP券
那是什麼？

FP券：熱門設施可以抽FP快速通關券節省排隊時間。

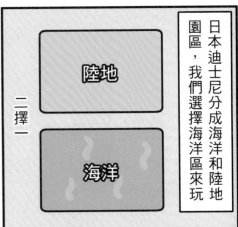

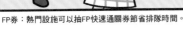

15:00~16:00
這個時間再過來就好
我們先去玩別的設施吧。
你抽的這是什麼好玩嗎？
叫什麼地心探險之旅
聽名字應該就是搭觀光列車參觀地心。
應該不恐怖吧。
我有不好的預感
喀可
兩個不敢玩刺激設施的人竟然跑去玩這個……
我…全程閉眼…
都不知道裡面有什麼……

好重喔…
背了兩公斤的水一整天…
當初就說買小瓶點就好
再喝掉一點水減輕重量吧。
WATER
快開始燈光秀了。
雖然不是煙火秀
但聽說燈光秀也滿不錯看的~
哇—
咚咚~
登登登~

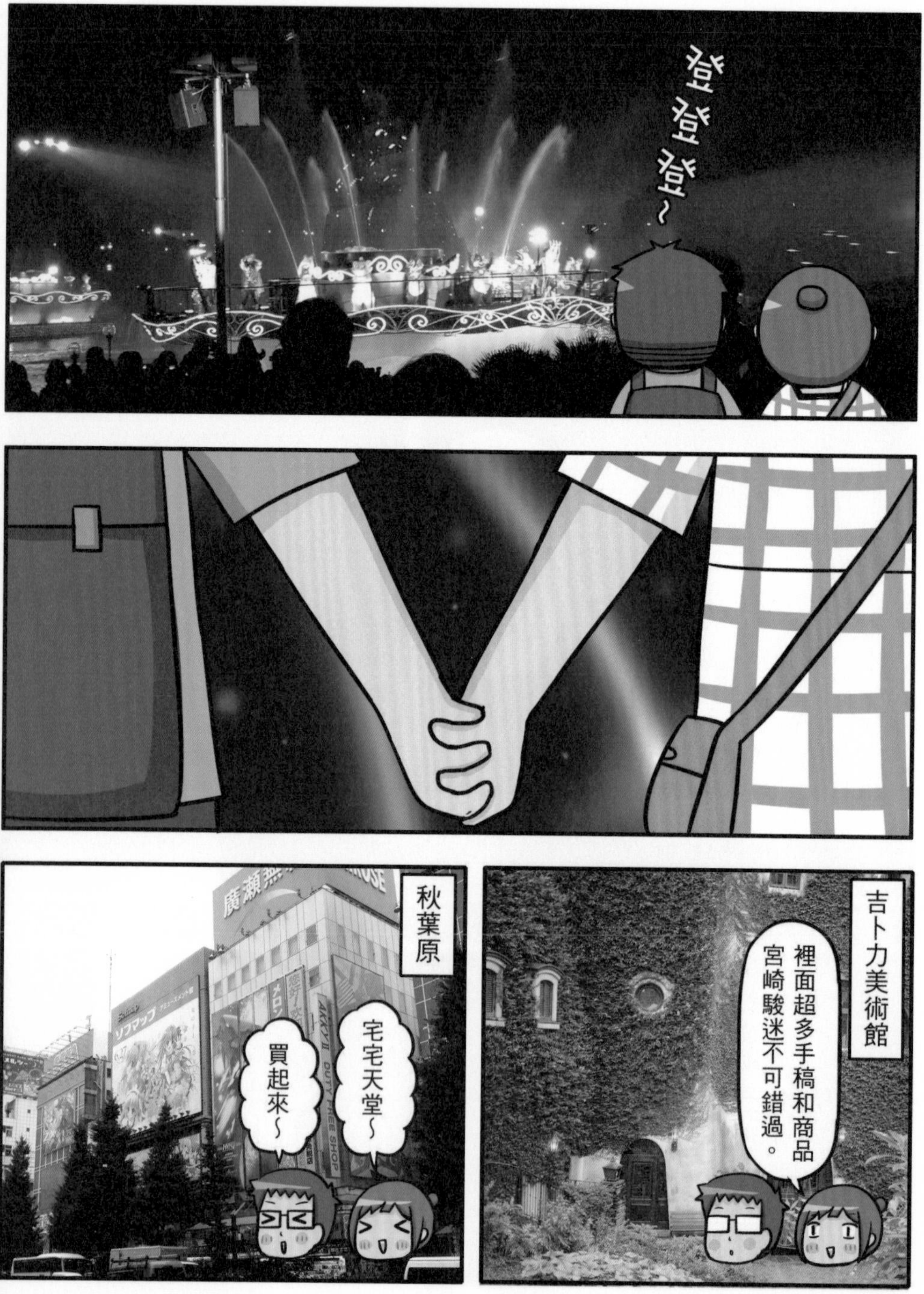

登登登～
秋葉原
宅宅天堂～
買起來～
吉卜力美術館
裡面超多手稿和商品
宮崎駿迷不可錯過。

晴空塔
結果天氣不好⋯⋯
日本甜點都好好吃喔
回程
我先睡了喔好累喔。
哈～
睡著了？才起飛不到半小時耶！
Z Z
Z Z

下雨天

雨下這麼大
我有帶塑膠袋
給你綁在腳上
要不然騎車
鞋子會濕
綁這個很蠢欸
不用了啦
反正要回家了
少囉嗦！
穿就對了
蹲下
幫忙穿
怎麼覺得有點感動…
希望不要遇到
認識的人—
後來才知道其實
有鞋套這種東西。

最近好流行壁咚喔！戲裡一定都有這一段，好讓人心動～
現實生活最好有人會這樣咚著講話！
手不痠喔。
你也壁咚我看看～我想體會被壁咚的感覺。
蛤？
在一起這麼久了，總要有點新鮮感嘛～
快～壁咚我！
我才不要～好尷尬又傻
你不覺得這樣學著做很丟臉嗎？

旁邊又沒人是在丟臉啥？
真囉嗦快點！
好啦⋯
咚！
⋯⋯
四目相接
深情對望

……
…………
噗！
好想笑。
這次來試試看公主抱吧！
還來！
抱起——
你在幹嘛？
到底還要不要抱？
我怕你撐不住把我摔下來
會怕…
踩著桌子
抓著吊衣架

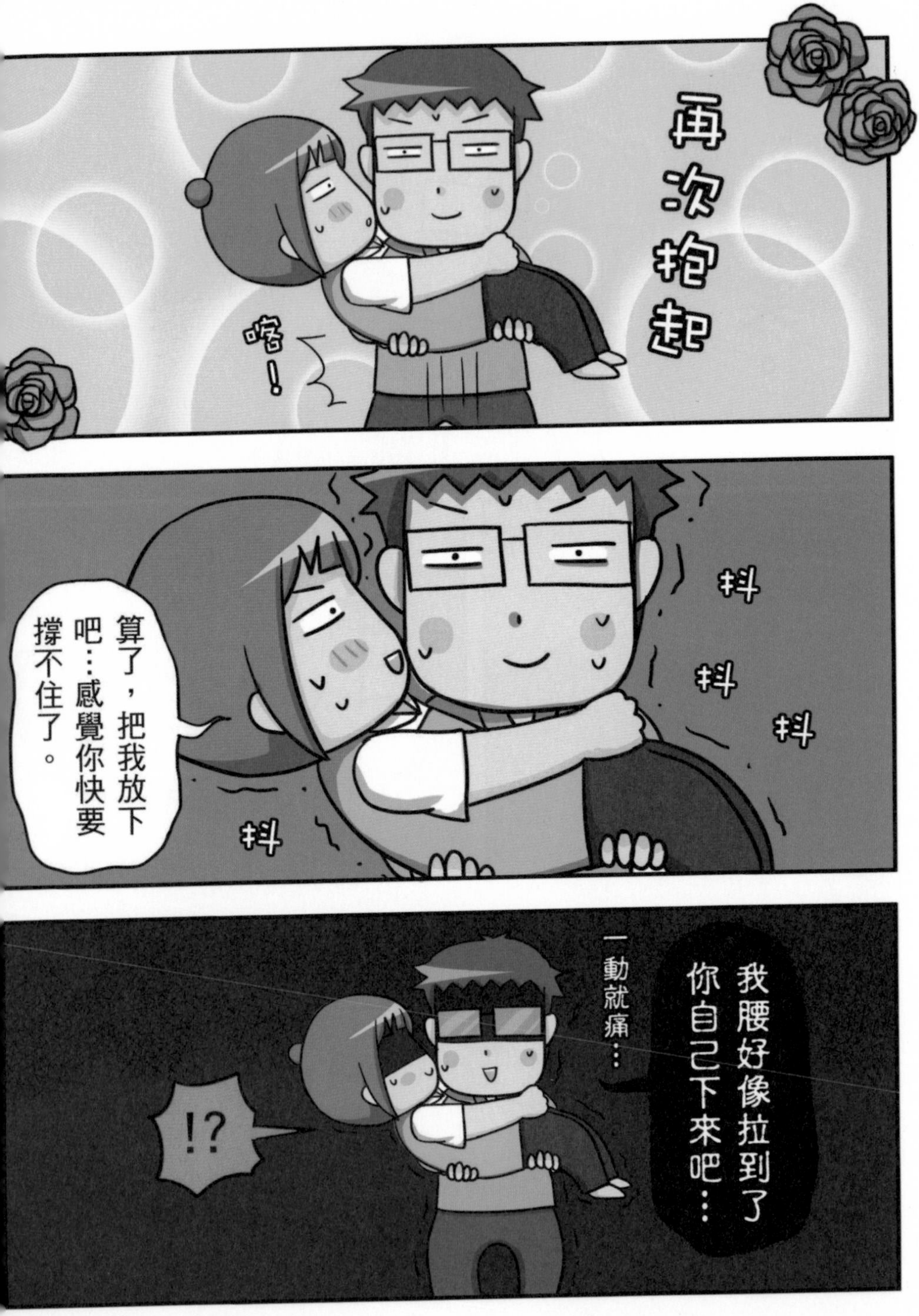
再次抱起
喀！
算了，把我放下吧…感覺你快要撐不住了。
抖
抖
抖
抖
我腰好像拉到了你自己下來吧…
一動就痛…
!?

男女在家大不同

男女在家大不同

完全不在乎兒子坐姿。

男女在家大不同

到底有沒有求婚

小湘終於開始正式工作了，
長跑這麼多年兩人也自然
而然決定要結婚～
有沒有求婚啊？
不用太誇張簡單就好～
後面日子比較重要，
求婚什麼的沒必要啦！
雖說結婚日子已經看好
在隔年，但女孩子多少
還是對求婚有些憧憬…
某天出門去吃晚餐
怎麼越騎越遠啊
不是要去附近？
到了你就知道了。
第一次來景觀餐廳
哇～夜景
好漂亮～
補你八週年
紀念日。

你也不提早講來這吃飯
我穿得這麼邋遢！
還穿拖鞋。
你不是常常說
想要什麼驚喜嗎？
現場還有
音樂演奏耶
→整個很俗沒看過
有音樂演奏的餐廳
是因為平日嗎？
都沒什麼人
感覺好像包場喔。
等等這種感覺⋯⋯
難道不只是單純
要吃紀念日的飯⋯
終於要求婚了嗎？

沙拉
湯品
前菜
主餐
好飽喔！
最後一道—甜點
都快吃完了
怎麼還沒求婚？

之前上英文課某段課文是戒指藏在冰淇淋裡
難道…
快速—
吃吃吃
沒有戒指
既然你這麼喜歡我這個冰淇淋也給你吧…
翻找包包—
結果戒指是放在包包裡嗎？
等等就要求婚了我該擺出什麼反應會有攝影機出來嗎？
撲通—
撲通—
好緊張…

←結果是拿衛生紙
你右邊嘴角沾到冰淇淋了
擦一下吧。
「……………。」
去上個廁所喔等等就走吧。
應該沒有了整頓飯下來想好多呵呵…
這花束送你~

撲通－
接下來…？
嘿嘿～
我早上就先來這將花束寄放在這裡了。
沒了…？
不過收到花束還是很開心啦。
你怎麼在那邊發呆？
走吧！包包、手機記得拿。
婚禮前兩個月我們在外面租了兩房一廳房子
樓下應該沒東西了吧？
沒了！這是最後一箱了。
等等先吃晚餐再整理吧。
住在小湘派出所附近一邊存錢一邊看房。

搬完家後的晚上
這是我的薪資提款卡和存摺、印章那些。
這麼相信我喔？
你不是說你要管錢？
密碼我都寫在筆記本上了。
所以每個月你要給我多少零用錢？
我自己的收入和存款都沒跟他說過，他卻願意把所有底都跟我說…
一個月五千包含吃飯和加油如何？
太少了吧至少一萬吧—
上班後跟當學生一樣過得窮苦你捨得嗎？
雖然沒有被求婚，卻讓我比求婚還感動。
就像他說的未來日子比較重要。
不過偶爾還是會羨慕一下別人
哇你看～我朋友求婚好感人喔～
未來日子比較重要啦

Murmur

婚前講好經濟分配和婚後住哪裡很重要!!!
(↑這個很容易成為婚後吵架的點)

一開始看了許多人的作法，
有人是開個存摺每個月雙方各存比例家用的錢進去，
要用的時候就從這個戶頭去領，
有些人則是夫妻一方負擔所有開銷，
沒有哪種方式好哪種方式不好，
「結婚前雙方談好就好。」

這個會為了省5元熱狗而繞遠路的省錢一哥，
竟然願意相信我把他的薪水和存款交給我分配管理
自己每個月領固定的零用錢，
這邊真的是感動到我了Q口Q

當然我也有在工作，
這個家我也負擔了經濟～～
雖然蒂媽總是交代我們說女人
應該要有老公不知道的私房錢才對，
(有看上一本書蠢蛋三姐妹就可以知道蒂媽是沒錢怕了才這樣說)
不過我覺得家是兩個人的，
互相不隱瞞的關係才會讓家更穩固！

這個月零用錢你忘記放小貓囉～它都餓扁了～
→每個月初會放零用錢在這裡面
喔喔抱歉太忙了忘了等等給你～

生活在交通方便的台北
我們三姐妹都不會騎機車
我連腳踏車都不會騎喔…
快去學啊～騎腳踏車又不用考照。
你都沒有跟朋友騎腳踏車出去玩過嗎？
還真沒有過。
就算開始有去學機車念頭
馬上也會被蒂爸阻止…
台北車這麼多路上這麼危險搭公車就好了不用學機車！
久而久之就懶得學了。
司機先生前面下車～
還真的把我當司機咧。
媽媽再見～
下課再來接你～

學開車好像不錯……
至少汽車是鐵包人
感覺比機車安全(?)
而且女生會開車
感覺就好帥氣啊—
我決定要去學開車了。
真的假的？
學成之後，
以後換我開車
帶你出去玩~
再、再看看吧。
Shock!
一決定要學後，
馬上就去報名駕訓班
正式開始上課。
教練好~
別緊張—
今天不踩油門
只體驗方向盤感覺。

不踩油們
車子竟然也會動耶—
因為這是自排車
打P檔就會發動了
踩油門是加速。
感覺學開車好像
沒想像中困難呢。
嗯—
喀!
Hi~
我就帥。

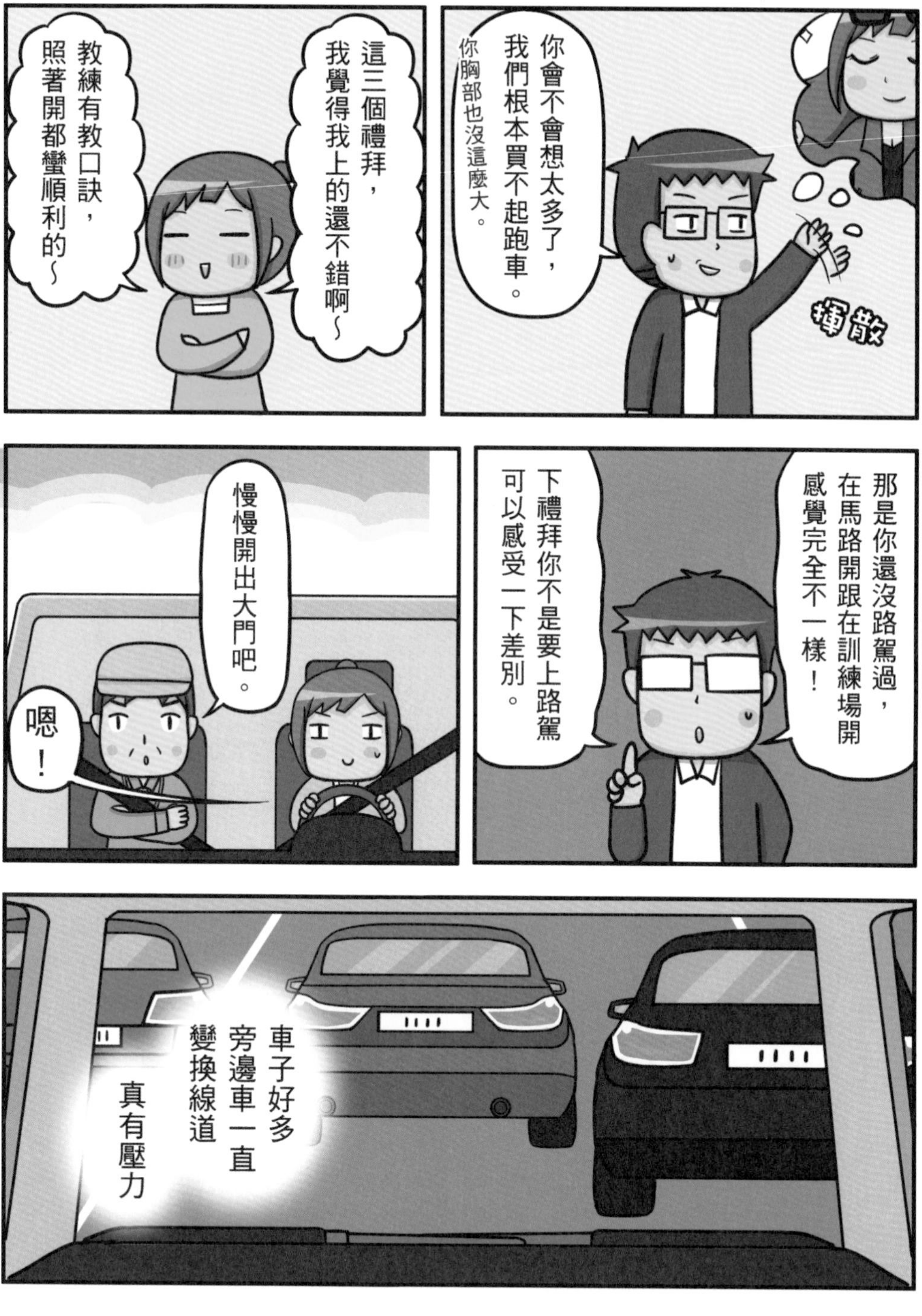
你會不會想太多了，我們根本買不起跑車。
你胸部也沒這麼大。
揮散
這三個禮拜，我覺得我上的還不錯啊~
教練有教口訣，照著開都蠻順利的~
那是你還沒路駕過，在馬路開跟在訓練場開感覺完全不一樣！
下禮拜你不是要上路駕可以感受一下差別。
慢慢開出大門吧。
嗯！
車子好多
旁邊車一直
變換線道
真有壓力

開太快了慢一點—
快到紅燈前要減速—
後照鏡要看跟旁邊的車距離太近了。
開內線道等等前面右轉。
壓力好大
咦？怎麼一直對不準停車格！
訓練場有桿子做標準線背口訣就可以停好—
在外面不知道要對哪裡—
路駕好難…
有空多練習吧。

考駕照這天
好多人來考啊
真緊張…
叭—叭—
扣分
踩線了！
他應該是沒過…
突然感覺壓力好大
終於換我了！
緊張
緊張
開始吧。

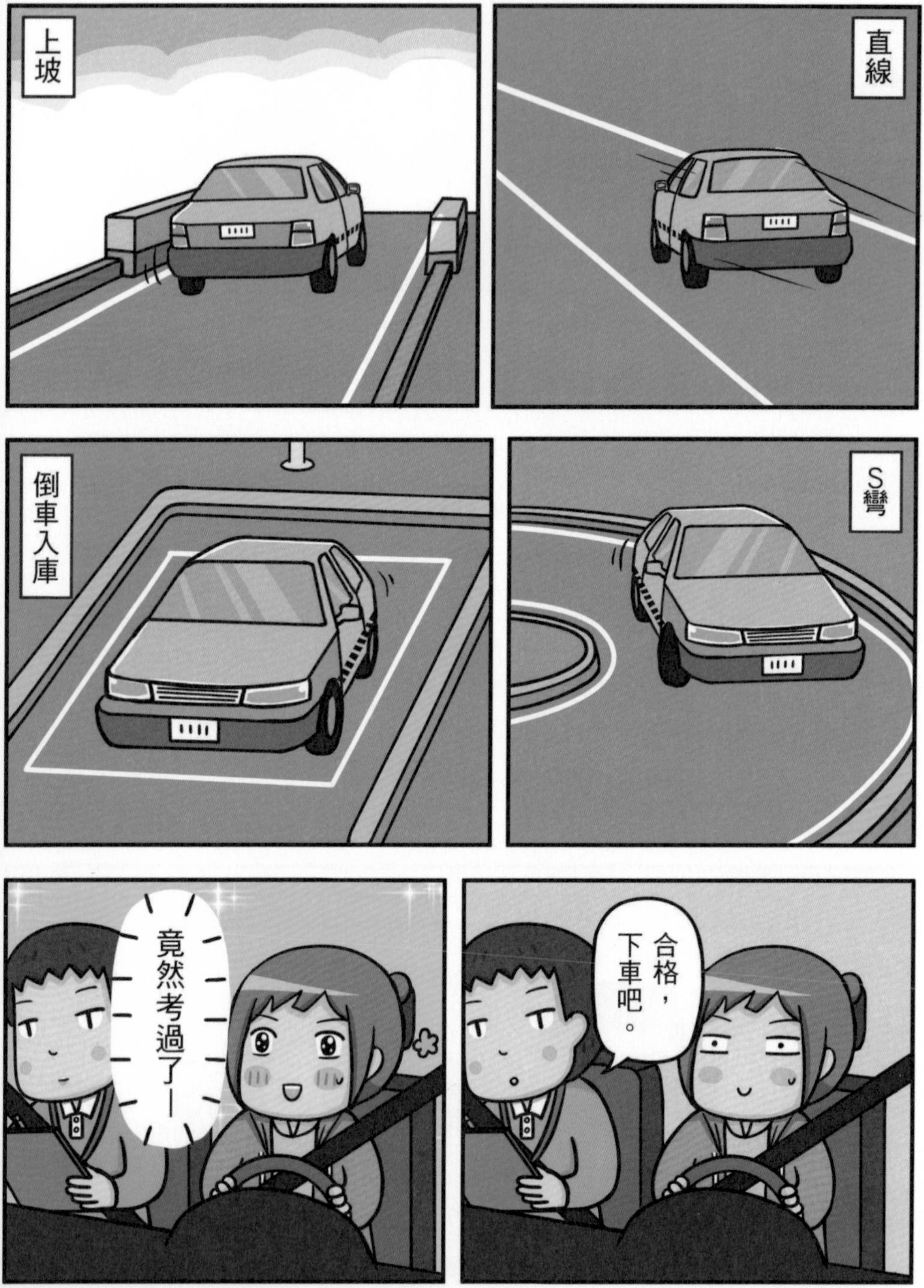
上坡
直線
倒車入庫
S彎
竟然考過了——
合格，下車吧。

那時候通過筆試和訓練場考試就可以拿到駕照，隔年考試才加上路考。

耶~我也有駕照了
借我車練習~
我知道有個地方
很空曠沒什麼車
去那邊練吧。
一般車子副駕座
沒有踩煞車鍵
所以別開太快
知道啦！
方向燈呢？
這邊就要減速
快—
左轉—
方向燈！
方向燈！
喔喔—
怎麼一直忘記？
欸欸欸
你逆向了啦—
雖然現在沒車
也不可以這樣！
小聲一點
嚇到我了！
開車好累。
你搞得我
好焦慮…
我才被你
嚇到崩潰。

從那天後…
你累了吧？這邊車少換我開吧~
我不累！
借我車開陪我練車~
現在太晚了視線不好太危險了。
→家裡沒車
借我車開陪我練車~
今天下雨下次吧…太危險了。
借我車開陪我練車~
這個時間車多太危險了。
「…………」
結果這個駕照最後最大的用途…
汽車駕駛執照
就是去超商取貨或申請東西需要第二證件時，可以拿來當證明文件。

敷衍

大妹小莫是新娘秘書，他的老公阿波是婚攝，兩人是在前公司認識交往結婚的。
為了你我還推掉其他賺錢的工作感不感動～
想當然拍婚紗照這件事一定會請他們幫忙。
雖然是妹婿但年紀大我13歲……
嗨～大姐～
→輩分稱呼
不要叫我大姐這樣感覺我好老
從小一直對自然波浪捲很憧憬，但每次都被燙得很捲很不自然。
我想要以花作主題的造型～大波浪捲不要太捲喔要自然點～
我盡量……
拜託了～
為什麼難得的休假，我要被抓去當攝影助理！
我想在家玩遊戲。
←小妹顆顆
臨時找不到攝助就幫忙拿反光板和顧東西就好～
會給你日薪……
好吧。
你……
不要說話線會歪掉－

哇—這是我嗎？
你把我化好漂亮～
手不要碰臉妝會花！
因為我們的婚禮費用，都是用自己存款出，考量預算所以希望能省則省…
場地費三千…有沒有免費或是便宜點適合拍婚紗地方嗎？
有啊～陽明山繡球花或是三芝一些咖啡廳也很適合拍照。
部分咖啡廳消費就可以拍照了。
到了～下車吧～
害羞
害羞
新娘子耶—
應該是來拍照的。

來—新郎跟新娘手牽手~
男生的手在前方。
喀嚓—
喀嚓—
不要笑的這麼僵自然點。
喀嚓—
喀嚓—
喀嚓—
喀嚓—
那個阿桑到底也跟著在拍什麼?
看你也在拍,你是這邊的管理員喔?
不是,就好玩拍拍。
→好奇路人
也拍太多張了吧。

小湘的手碰旁邊樹幹
稍微傾斜一點。
蒂蒂你靠近些。
新郎斜站不好看啦
要站直才對！
現在到底是…？

陽明山拍完後，終於擺脫阿桑來到知名三芝咖啡廳。
COFFEE
阿桑拍的照片要比阿波多了。
呵呵，真的。
這裡還不錯耶，你們怎麼知道這家？
客人有來拍過，這附近咖啡廳都很適合拍照。
外面就是海灘。
這波浪捲假髮戴起來滿自然的～
這頂我很喜歡不要弄壞了。
→跟顆顆借他玩COS的假髮。

我想要拍背著在沙灘上走動那種照片~
感覺好浪漫像拍偶像劇。
咦！
喔…可以啊！
45° 角斜背

實際上背起來卻像是在背貨物。
算了，放我下來吧。
你太重了…
這畫面似乎不太浪漫。
抖
抖
90° 角斜背

在三芝拍的這組照片
也是我最喜歡的系列
撇除失敗背人照。
很好～再來！
因為很自然，也頗受親友好評
時間差不多了，接著拍下一組吧。
終於最後了…
再噴一點定型霧…
好了！
拍照真的頗累人的這組就隨便一個點拍幾張就好了…
放鬆的小腹←
你這個小腹…是不是懷孕了？
不要不好意思說喔。
並沒有

最後還是拍到天黑才結束…
開始工作後會進入工作狂模式要求到最好←
我們再去旁邊燈巷拍幾張～
好了啦差不多了！
我肚子餓了…

提供給準備拍婚紗照的新人做參考！

小莫推薦台北免費拍攝婚紗熱門景點

- 冷水坑拍芒草(季節性)
- 陽明山黑森林、擎天崗
- 陽明山花卉試驗中心
- 淡水老街尾端
- 淡水馬偕教堂
- 石門婚紗廣場
- 沙崙海邊
- BELLAVITA夜景
- 漁人碼頭夜景
- 板橋林家花園
- 艋舺剝皮寮
- 南雅奇岩
- 一滴水紀念館
- 林安泰古厝
- 新生公園

有些漂亮咖啡廳消費就能拍照可以先打電話問問店家！

在戶外換衣服

→很怕帳篷被風吹跑緊張的快速換衣
←換衣帳篷
好了嗎？

造型須知

拍照前一天頭髮不要潤絲要不然造型不好固定住。

化妝那天要穿好脫的衣服(例如襯衫)以免沾妝。

買NuBra一定要多做功課
像我就是貪小便宜買到不黏的結果一直掉下來Q_Q

Murmur

最喜歡這組海灘散步照～

有需要可以搜尋他們喔！

Monfi Make up 新娘秘書
波攝影 Photography A-PO

儀式時間安排好了，飯店也訂了…
婚紗照拍了，結婚那天新秘和婚攝一樣請阿波和小莫。
接下來是選喜帖和算人數安排桌數，你伴郎找了嗎？
還…還沒…
剩一個月了你還不快點找！
結婚前一個月突然一堆工作截稿日，明明很忙卻還是堅持自己處理婚禮大小事。
好～明天改給你喔！
喜帖怎麼設計好…
一心二用
要請婚禮佈置嗎？算了用飯店基本佈置就好可以省下一萬元…
畫個漫畫立牌給賓客拍照好了。
怎麼可以省掉迎娶你要用走的去男方家？
哪有新娘自己走去男方那？
儀式都在飯店沒必要再去借車迎娶吧…
我們訂婚結婚都在同一天希望一切從簡，雙方一開始都說都可以，結果卻……
分開算還好吧？
什麼叫做你我禮金分開算？一家人有必要分得這麼清楚嗎？

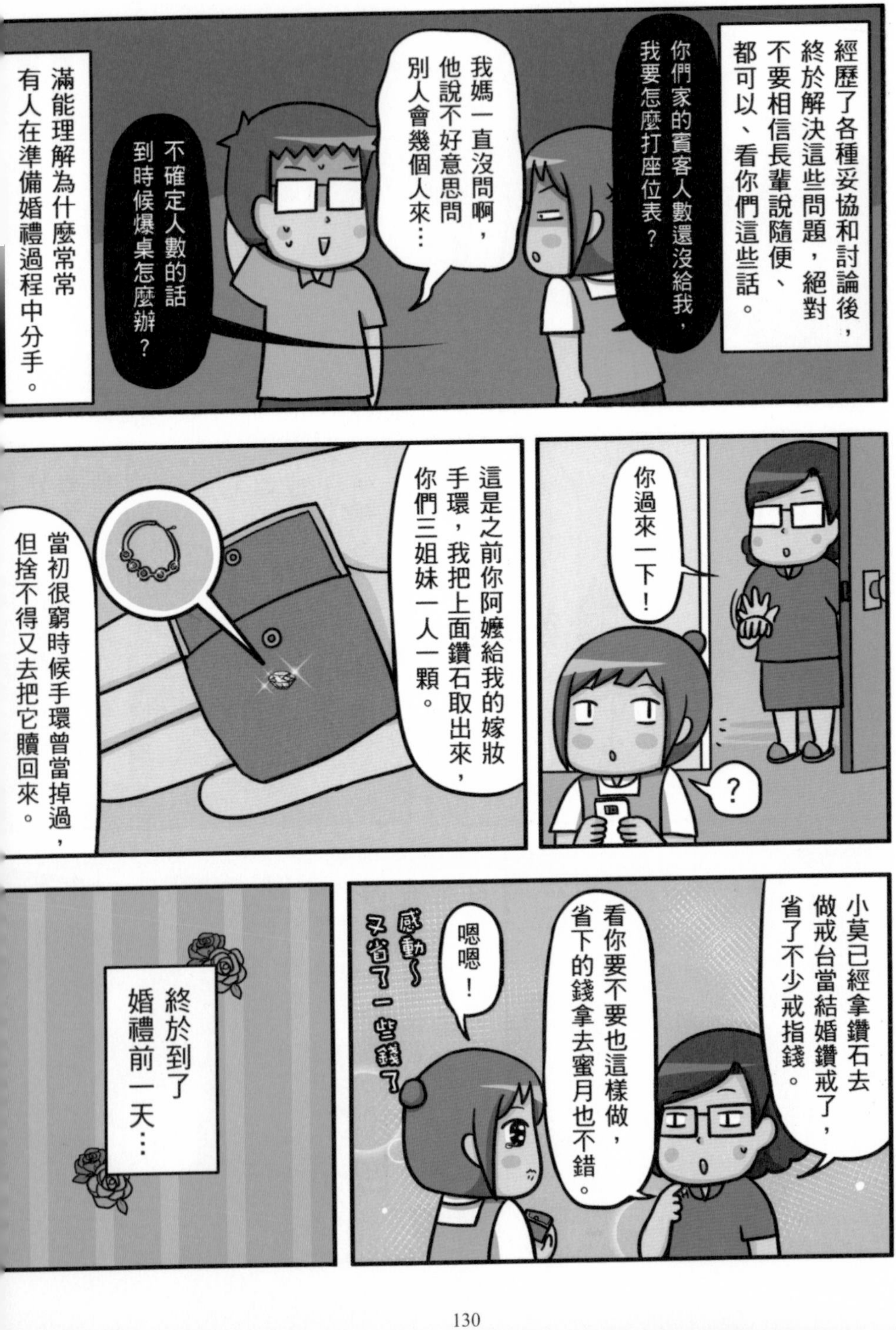
經歷了各種妥協和討論後，終於解決這些問題，絕對不要相信長輩說隨便、都可以、看你們這些話。
你們家的賓客人數還沒給我，我要怎麼打座位表？
我媽一直沒問啊，他說不好意思問別人會幾個人來…
不確定人數的話到時候爆桌怎麼辦？
滿能理解為什麼常常有人在準備婚禮過程中分手。
你過來一下！
？
這是之前你阿嬤給我的嫁妝手環，我把上面鑽石取出來，你們三姐妹一人一顆。
當初很窮時候手環曾當掉過，但捨不得又去把它贖回來。
小莫已經拿鑽石去做戒台當結婚鑽戒了，省了不少戒指錢。
看你要不要也這樣做，省下的錢拿去蜜月也不錯。
嗯嗯！
感動～
又省了一些錢了
終於到了婚禮前一天…

我們在飯店開了兩間房間，分別當作男方家和女方家，前一天把行李都搬到房間裡。
我先把禮服拿出來掛起來。
筆電和投影機都確認好了嗎？
剛測試都沒問題都交代好了。
咦？
你的眼睛怎麼腫腫的啊？
真的欸—好腫喔！
你們好誇張不要嚇我⋯
媽呀—
怎麼長針眼了—

怎麼辦怎麼辦
明天就是婚禮了—
這麼晚了現在去看眼科
也來不及了吧—
你偷看我洗澡喔？
要不然怎麼會長針眼？
屁啦—應該是
最近太累都沒
睡好才長的！
好了啦…不要想這麼多
我會幫你蓋住針眼的
放心交給我
等等早點睡吧。
你別安慰我了
這麼腫哪蓋得住—
嗚嗚嗚~
你好煩。
小心越哭越腫…
你們早點
回去休息吧。
那就麻煩
你了。
早點
睡。

那一晚焦慮到睡不著，
除了緊張明天婚禮外，
也煩惱我腫起來的針眼。
不知道消了沒…
滴滴滴—
滴滴滴—
鬧鐘
04:00
今天好像沒這麼冷了
聽說會出大太陽～
你要怎麼蓋住
腫起來的地方？
我要研究一下。
哈—
→訂婚儀式
穿紅禮服
雙眼皮貼剪多段
順著眼線貼…
然後眼線…
我化
我化
好了！
哇～
竟然看不出來
眼皮有腫起來欸～

感謝你的妙手大恩大德啊～
這麼感謝我的話就把我在你的漫畫畫聰明點吧。
我不能欺騙讀者。
訂婚儀式結束後緊接著是結婚儀式。
還沒講話就爆哭的蒂媽↓
喀嚓—
喀嚓—
儀式都順利結束後，在等進場時卻發生一些小問題⋯
賓客晚到延遲開場？
投影機打不開？昨天不是測試正常沒問題嗎？
顆顆你下去幫我看一下。
好—
→妹妹和表妹當伴娘←
還好最後在開場前解決這些突發狀況。
感謝很會唱歌的EASON
現場獻唱幾首祝福歌～
該換下套禮服囉～
啊⋯好。
→才剛坐下

新娘餐竟然只有三明治和洋芋片…
好想吃龍蝦…應該打包上來的
方便吃的食物←
算了吧—等等吃得滿嘴油膩妝都毀了。
準備第二次進場
你的臉怎麼紅紅的？
剛剛被灌了兩杯酒現在頭好昏—
→酒量極差
什麼—等等還要二進耶
還好小湘最後還是強忍頭暈順利的進場。
恭喜~
謝謝~

籌備許久的婚禮，
雖然過程中有些小問題
不過還是順利落幕了。
感謝每個參與的人，
婚禮只是一個階段過程
最重要還是未來攜手
一起經營幸福的家

Murmur

被朋友說很像聖誕卡的喜帖。

用蒂媽的鑽石打的婚戒。

裙子被撩這麼高……

實際情況

帶著立牌搭公車一直被尷尬的注目。

在飯店門口繞一圈的迎娶儀式。

執子之手，與子偕老。

結婚好累⋯⋯我絕對不要結第二次
精疲力盡
你是想再跟誰結第二次？

你覺得婚前婚後有什麼差別嗎？
生活或相處上有變得什麼不一樣嗎？
我們交往八年半結婚，婚前住哪、經濟分配都討論好了
其實沒什麼感覺明顯差異耶…
如果說最有感受不同，大概就是生活習慣吧。
畢竟之前沒有同居過…
不要把骨頭和沾食物的垃圾丟到垃圾桶裡—
你看！又長了一堆果蠅—
說了多少次了！如果懶得拿下去丟至少拿去冰箱放吧。
有空再拿下去丟也可以啊！
你有說過喔？我怎麼不記得。
欠揍！

呼嚕～
呼嚕～
打呼好吵喔…
都沒辦法睡…
呼嚕～
推他一下。
不到十秒
呼嚕～
呼嚕～
#@!%&*+
@#$$%>%&*+
#@!%&*+%>@

結婚前你也知道的
我根本不會煮飯，
連煎荷包都不會。
後來想說一直外食
也不是辦法，於是
開始學做菜…
大番茄一大袋一百
好便宜喔～
來煮看起來最簡單的
番茄炒蛋好了～
食譜說先炒番茄
再加蛋液下去…
倒入
煮好了～
但看起來有點乾，
沒食譜上這麼濕潤。
第一次煮挺不錯
不過你是不是
忘記加鹽巴了？
啊！
忘了！
←負責洗碗
你怎麼能把炒鍋
炒得這麼焦黑？
很難刷耶—

砧板先擦乾吧
婚前住家裡常當婆婆小幫手←
肉也太大塊切小塊點
鹽最後加
蒜頭不用手剝啊壓一壓皮就會掉味道才會出來
吼~~~怎麼會這樣做
你好煩—我不用你幫忙你給我出去…
味道還不錯~
跟著食譜做總不會差到去吧。
對我來說最困難的就是看起來最簡單的蛋炒飯。
不是炒太乾就是炒太濕，試過大家最推薦的炒隔夜飯，也是炒的不怎麼樣…

這是什麼黑暗料理？
香腸蛋炒飯也太黑了我不敢吃啦—

小湘對炒飯的標準特別高，其他料理做失敗他可以勉強吃掉。
辛苦煮飯給你吃還被嫌—
吃不吃—你再吵我就把你做成黑暗料理！
氣
氣
氣
氣
寧死不屈…
但炒飯不行，失敗的炒飯他一口都不會吃。

我自己也有吃看起來很黑味道還可以啊
最後竟然給我倒掉氣死我了—
這麼黑的食物一般人也不敢吃吧
別為難姐夫了～
我本來想說今天這攤我請客的想想還是算了～
姐夫怎麼可以這樣呢真是太糟蹋食物了！
你為他煮飯他竟然這樣不懂珍惜！
雖然他平常頗囉嗦又龜毛。
不過有些時候挺男子氣概的…
要喝飲料嗎？
好啊～

有蟲！
你頭上有蟲
在那！
蟲！
蟲！
什、什麼？
驚！
你反應不要這麼大啦！
嚇到他了
撥掉！
男友力爆表。
（老公）

後來做的工作跟大學專業完全沒關係…不知道讀這四年幹嘛。
我也是啊～
大學最大的收穫就是認識我老婆吧。
閃屁啊～
男友力爆表。
(老公)
咻
有車！你走裡面。
拉

撞！
你也拉小力一點……
好痛……
我不是故意的！
兩個人在一起有甜蜜當然也有需要磨合的時候
互相包容、體諒感情才能長久。
你最近滿會講心靈雞湯的從哪學的？
生活歷練而來。

今天小湘好像比較早下班不知道回來了沒？
買鹹酥雞回去好了。
喀！
好香喔～你買鹹酥雞回來嗎？
……
整個餐桌都是我的掛衣架。
外套掛好不穿衣服丟洗衣籃有掛衣架為什麼不用？
說幾次了—
怒
掛在椅子上我出門比較方便呀
我們要互相包容對方習慣不是嘛～
包容你的頭—

放屁

吼！你怎麼每次煮完飯鍋底都弄得這麼焦黑很難刷你知不知道！
氣死我了——
噗！
生氣就生氣幹嘛還加放屁
好臭！
因為我的怒氣無處宣洩
只能靠放屁洩氣懂嗎？
喔。

婚後過節

婚後心態的轉變

冷冷親親

好涼啊～
冷冷～
清清～
←硬接話
真拿你沒辦法親小力一點喔～
我嘴巴破洞有點痛～
我是說冷冷清清的那個清⋯不是親親的親。
羞
羞
羞
羞
羞

不要拉媽媽頭髮
媽媽很兇喔！
噠噠噠
終於畫完了—
這次畫新書的時間
都是用擠的出來…
兒子大福
在家工作又要帶孩子
只能在大福睡覺
時間偷溜出來畫圖
唔~~
但大福比較敏感
很淺眠容易醒
躡手躡腳
因為是畫過去的故事
需要一直回憶以前的事
然後會突然
越畫越生氣
為什麼我老公
以前很愛為了一件小事
咄咄逼人找我吵架—
我哪有
找你吵架
喀滋
喀滋

欸欸～大學時候
幾乎天天吵架
怎麼現在住在一起
反而比較少吵了？
啊～
大學時候比較閒吧
現在下班後都累死了
哪有力氣再吵架…
……
結論：人不能太閒。
最後謝謝大家
一直以來的支持～
就算育兒生活忙碌
我也會持續畫下去的
歡迎來粉絲團找我囉！
喀滋
喀滋
這裡～這裡～
蠢蛋蒂蒂Didi
搜尋

一歲半的大福

Fun 075

蠢蛋夫妻愛情長跑日記

作　者—蒂蒂
主　編—李國祥
企　畫—吳儒芳
總 編 輯—胡金倫
董 事 長—趙政岷
出 版 者—時報文化出版企業股份有限公司
108019臺北市和平西路三段二四〇號三樓
發行專線—（〇二）二三〇六—六八四二
讀者服務專線—〇八〇〇—二三一—七〇五
（〇二）二三〇四—七一〇三
讀者服務傳真—（〇二）二三〇四—六八五八
郵撥—一九三四四七二四時報文化出版公司
信箱—10899臺北華江橋郵局第九九信箱
時報悅讀網—http://www.readingtimes.com.tw
電子郵箱—genre@readingtimes.com.tw
法律顧問—理律法律事務所　陳長文律師、李念祖律師
印　刷—金漾印刷有限公司
初版一刷—二〇二〇年十一月十三日
定　價—新臺幣三三〇元

時報文化出版公司成立於一九七五年，
並於一九九九年股票上櫃公開發行，於二〇〇八年脫離中時集團非屬旺中，
以「尊重智慧與創意的文化事業」為信念。

蠢蛋夫妻愛情長跑日記/蒂蒂著. -- 初版. -- 臺北市：
時報文化出版企業股份有限公司, 2020.11
面；　公分. -- (Fun；75)
ISBN 978-957-13-8434-4(平裝)

1.戀愛 2.婚姻 3.兩性關係 4.漫畫

544.3　　109016851

ISBN 978-957-13-8434-4
Printed in Taiwan